W0190642

EDITORIAL

> **Liebe Leserin, lieber Leser,**

wussten Sie, dass die Isar so sauber ist, dass Sie im Herzen der Metropole im Fluss baden können – völlig kostenlos? Das ist nur einer der
vielen einmaligen Momente, die Sie in Deutschlands schönster –
und teuerster – Stadt erleben können, ohne den Dispo-Kredit an-
knabbern zu müssen. Stürzen Sie sich ins Shopping-Abenteuer und
gönnen Sie sich Edel-Outfits zum Schnäppchenpreis, genießen Sie
mitreißende Gratiskonzerte oder trubelige Kulturfestivals und Museen von Weltrang zum Spartarif. In vielen Restaurants gibt's köstli-
che Schmankerln zu ungepfefferten Preisen, in den Hotels und
Hostels der Stadt liegen Sie weich, ohne hart kalkulieren zu müssen,
und selbst Münchens Nachtleben ist in Sachen Cocktail- und Ein-
trittspreise reinstes Understatement. Sie müssen nur wissen, wie,
wann und wo – Fragen, die Ihnen unsere Autoren beantworten.

Viel Spaß beim Entdecken!
wünscht Ihnen Ihr MARCO POLO Team

UNSERE AUTOREN

AMADEUS DANESITZ erblickte im Münchner Süden das Licht
der Welt und jettet heute zwischen Viktualienmarkt, Isar-
vorstadt und Schwabing hin und her, um seine Heimatstadt
immer wieder aufs Neue zu entdecken. Kontakt: info@bar
guide-muenchen.com; www.barguide-muenchen.com.

ALEX WULKOW, gebürtiger Münchner, hat wohl schon
jeden Quadratkilometer der Stadt mit dem Fahrrad durch-
streift. Er war Redakteur bei „PRINZ München" und arbeitet
momentan freiberuflich als Zeitungs-, Radio- und Online-
Redakteur. Kontakt: info@barguide-muenchen.com; www.
barguide-muenchen.com.

SYMBOLE:

 MARCO POLO INSIDER-TIPPS
Von unseren Autoren Amadeus Danesitz
& Alex Wulkow für Sie entdeckt

 KOSTENLOS
Hier zahlen Sie keinen Cent!

INHALT

CLEVER!
Sparfüchse aufgepasst! Mit diesen Tipps und Tricks können Sie zusätzlich Geld sparen oder etwas Besonderes erleben

LUXUS LOW BUDGET
Edles echt günstig! Ob Hotel-Suite, Gourmet-Lunch oder Designer-Outfit. Gehen Sie mit uns auf Schnäppchenjagd

TOP 10

> Staunen und sparen – toll, was Sie alles in München für wenig Geld entdecken und erleben können. Manches ist ganz besonders, so wie die zehn besten Insider-Tipps!

Insider Tipp **PROBEZEIT FÜR PROFIS** [141 D5]
Die öffentliche Generalprobe der Münchner Philharmoniker ist heiß begehrt. Für 10,40 Euro lauschen Sie dem Maestro, wenn er den Musikern den Feinschliff verpasst (S. 33)

Insider Tipp **AUF ZU NEUEN WELTEN** [0]
Vergesst die NASA! Fast in Lichtgeschwindigkeit geht's mit der U 6 nach Garching, denn dort gibt's das ESO-Supernova-360°-Planetarium-Ticket for free. Was für ein Weltraumvergnügen (S. 44)

Insider Tipp **IDAS MILCHLADEN** [132 B4]
Immer wieder freitags am Nachmittag ist Schlussverkauf. Denn am Wochenende bleibt Ida zuhause. Das heißt: leckere hausgemachte Salate, Sandwichs & Co. für wenig Geld (S. 58)

Insider Tipp **PARSDORF CITY OUTLETS & MORE** [0]
Outlet-Shopping vor den Toren der Stadt, jetzt auch sonntags. Ganze vier Mal im Jahr öffnen die über 15 Markenshops ihre Pforten auch nach der Predigt (S. 73)

Insider Tipp **DAMENABTEILUNG/ HERRENABTEILUNG** [139 E4]
Fashionistas sollten sich dieses Jagdgebiet nicht entgehen lassen. Als Beute winken coole Vintage-Outfits lässiger kleiner Designerlabels, neuerdings mit noch mehr Auswahl auch im Untergeschoss (S. 75)

DIE BESTEN LOW BUDGET
INSIDER-TIPPS

 **BACKSTAGE** [138 C3]

 Konzerte for free, Indie-Biergarten mit Do-it-yourself-BBQ und jede Menge Partys: Das Kulturzentrum bietet sieben Tage die Woche Programm zu absolut zivilen Preisen. Und dank des S-Bahnhofs Hirschgarten ist das Clubgelände ohne große Umwege zu erreichen *(S. 90)*

 RUBY [132 B3]

Am Freitag herrscht ein einfaches Prinzip: zwei Getränke bekommen – und trotzdem nur den einfachen Preis bezahlen. Da kann man die Begleitung ganz elegant einladen. Oder man kommt montags und lässt sich Longdrinks für 5,50 Euro durch den Kopf gehen *(S. 94)*

CAFÉ KOSMOS [139 F3]

Im Café Kosmos fallen München-Besucher keinesfalls in eine Preis-schockstarre – wäre ja auch noch schöner bei 1,50 Euro für 0,25 l Helles oder 1,80 Euro für eine Flasche Astra *(S. 96)*

 **HOTEL DOLOMIT** [139 F4]

Preiswert genächtigt wird auf 2-Sterne-Niveau, aber schlemmer-gefrühstückt wie bei Königs wird im 4-Sterne-Haus nebenan, das geht nur hier. Da spart man sich glatt noch das Mittagessen *(S. 104)*

 HIMMELSWERKSTATT [133 D3]

Weihnachtsshopping – und die kleinen Racker müssen überall mit. Das kann ganz schön stressen. Also nichts wie hin zur Himmelswerkstatt im Münchner Rathaus. Dort können die Kleinen eineinhalb Stunden basteln, malen und backen. Und das alles, ohne einen Cent zu zahlen *(S. 119)*

> München hat viele charmante Seiten – zum Beispiel ist die Metropole gar nicht so teuer wie ihr Ruf

„Einfach München" – so simpel dieser neue Slogan auch sein mag, so sehr drückt er doch das Selbstverständnis der Münchner und ihrer Stadt aus. Gleiches gilt ebenso für die Heerscharen von Touristen, die alljährlich die bayerische Metropole bevölkern. Sie sind einfach ein Teil des umtriebigen Stadtlebens. Am besten einmal an einem schönen Sommernachmittag im Biergarten am Chinesischen Turm vor einer Maß feinsten bajuwarischen Gerstensafts mit Einheimischen ins Gespräch gekommen – und schon entfaltet der Slogan seine eigene Magie.

Auch die Altstadt mit ihren berühmten Sehenswürdigkeiten wie dem Rathaus, der Frauenkirche oder dem Odeonsplatz, die Shoppingmeilen mit ihren unzähligen Läden zum Stöbern und Schauen, das Olympiagelände inklusive der BMW Welt oder das quirlige Glockenbachviertel an der Isar sind Schmuckstücke, die München zum Ziel für Touristen aus aller Welt machen. Eines aber haben Sie ihnen voraus: Sie wissen, dass die hinreißenden Seiten Münchens kein Vermögen kosten müssen, auch wenn Sie eine der teuersten Städte Deutschlands besuchen. Die folgenden Seiten geben wertvolle Tipps, wie Sie von Anfang an sparen – damit Sie immer wieder vorbeischauen.

START IN DIE STADT

ANREISE

FLUGZEUG

München hat nur einen Flughafen, den Franz-Josef-Strauß-Airport *(www.munich-airport.de)*! Er liegt rund 30 km nordöstlich im Erdinger Moos und ist per S-Bahn (Einzelfahrkarte 11,60 Euro) in knapp 40 Minuten zu erreichen. Tipp: Das Airport-City-Day-Ticket kostet zwar 13 Euro, aber man spart sich weitere Tickets für den Tag. Eine Alternative bietet der Lufthansa-Airport-Bus *(www.airportbus-muenchen.de)*, der im 20-Minuten-Takt zwischen Flughafen, Schwabing und Hauptbahnhof pendelt. Einfacher Fahrpreis: 10,50 Euro. Wer gleich die Rückfahrt mitkauft, zahlt nur 17 Euro. Per Auto sind es 30 bis 60 Minuten, je nach Verkehrslage. Am Flughafen München landen u. a. Flüge von Eurowings *(www.eurowings.com)* aus Düsseldorf, Köln-Bonn, Dresden, Hamburg und Wien*, ca. 99 Euro Berlin hin und zurück. Die Air-Berlin-Pleite hat den nationalen Flugplan kräftig durchgewirbelt. Richtig günstig macht es easyjet *(www.easyjet.com)*, ab Berlin für 74 Euro. Und um die Austrian-Airline-Flüge *(www.austrian.com)* kümmert sich die Lufthansa nun auch. Das Roundtrip-Ticket von Berlin: ca. 110 Euro. Die Kranich-Linie selbst bietet Economic-Light-Flüge (hin und zurück) schon ab 99 Euro an. TuiFly *(www.tuifly.com)* jettet zwar auch nach München, aber nur aus Köln-Bonn und Dortmund, ca. 126 Euro.

Insider Tipp

START IN DIE STADT

BAHN

Wer mit der Bahn von Hamburg oder Berlin nach München wollte, musste bis vor Kurzem schon fünf bis acht Stunden einkalkulieren. Doch das ist die Vergangenheit: Dank modernster ICE-Technik und besserer Streckenführung spart man nun bis zu zwei Stunden Fahrzeit. Da bekommt ein Wochenendtrip per Bahn gleich eine ganz andere Wertigkeit. Morgens um 4.56 Uhr in Hamburg eingestiegen, kommt man pünktlich zum Mittagessen (11.32 Uhr) in München an. Zurück geht's montags in der Früh um 3.35 Uhr, der Spartarif 2. Klasse liegt bei 85,80 Euro. Interessant sind auch die DB-Angebote in Sachen Städtereisen: Zwei Übernachtungen samt Frühstück plus Zugticket (Berlin–München) für zwei Personen gibt es bereits ab 268 Euro. Da lässt es sich noch ausgiebig in München shoppen. Das Schönes-Wochenende-Ticket, gültig für bis zu fünf Personen, gibt's für 44 bis 68 Euro online oder am Automaten. 2 Euro mehr kostet es direkt am Schalter. Genutzt werden dürfen ausschließlich S-Bahn, RB, IRE und RE. Reisezeiten: nur Sa oder So von 0 bis 3 Uhr des Folgetages. Innerhalb des Freistaats empfiehlt sich das Bayern-Ticket. Ganz egal, ob als Gruppe (bis fünf Personen/49 Euro) oder Single (25 Euro), auch hier ist man hauptsächlich mit den Nahverkehrszügen unterwegs. Infos unter *www.bahn.de* oder per App.

FERNBUS

Ja, Busfahren ist wieder in, und Flix-Bus ist eindeutig der Platzhirsch. Wer sich für die giftgrünen Busse entscheidet, zahlt One Way ab Berlin ab 9,90 Euro, ab Frankfurt 17 Euro, ab Hamburg 24,80 und ab Stuttgart 12,99 Euro. Eines darf man aber nicht vergessen: die Fahrzeit, von Berlin aus z. B. knapp acht Stunden. Den Zentralen Omnibusbahnhof, kurz ZOB (Hackerbrücke/Arnulfstraße 21, *www.muenchen-zob.de),* fahren zudem noch Eurolines/Deutsche Touring *(www.eurolines.de),* IC Bus *(www.bahn.de)* sowie einige andere an. Von Vorteil: Alles lässt sich kinderleicht per App buchen, und das sogar auf den letzten Drücker.

AUTO

Findet man in München ein freies Plätzchen, das nicht zu einer Parkzone mit speziellem Ausweis gehört, schlägt der Zähler mit satten 50 Cent

pro 12 Minuten zu. Maximale Parkdauer: Zwei Stunden (5 Euro). Zentrumsnahe Parkhäuser kosten ebenso viel oder sind noch teurer. Wer also mit dem eigenen PKW anreist, sollte unbedingt darauf achten, dass sein Hotel einen Parkplatz hat. Tipp für Tagesausflügler: Zahlreiche U- und S-Bahnstationen sind mit Park-und-Ride-Plätzen (www.parkundride.de) versehen. Das Tagesticket kostet hier nur 0,50 bis 1,50 Euro. Eine weitere Alternative, um nach München zu gelangen, sind die Angebote der verschiedenen Mitfahrzentralen wie www.blablacar.de, www.mitfahren. de, www.clickapoint.com, www. mifaz.de, www.drive2day.de. Sehr zu empfehlen ist der ADAC-Mitfahrclub (http://mitfahrclub.adac.de).

WOHIN ZUERST?

Egal ob Sie mit dem Auto, der Bahn, dem Fernbus oder dem Flugzeug angereist sind, jetzt heißt es erst einmal: ein Gefühl für München bekommen. Spüren, wie die bayerische Landeshauptstadt tickt, in welchem Rhythmus hier das Leben pulsiert. Wo sind sie, die vielen Museen, die

CLEVER!

> Mit der City Tour Card ordentlich sparen

Ob für einen Tag oder drei, alleine (12,90/ 24,90 Euro) oder bis zu fünf Personen (19,90/39,90 Euro) oder fürs Gesamtnetz (3 Tage für 44,90 Euro, Gruppe 73,90 Euro), mit der City Tour Card können Sie sich im gesamten inneren Stadtbereich mit U- und S-Bahn, Tram und Bus bewegen. Das Besondere ist die Vielfalt der Sparmöglichkeiten, die sich mit den Partnerkarten noch vervielfältigen. So lassen sich zum Beispiel bis zu 33 Prozent pro Eintritt sparen, wenn man etwa ins Spielzeug-, Jagd- und Fischerei-, Bier- und Oktoberfestmuseum, Valentin-Musäum oder ins BMW Museum möchte. Zu den 80 Rabattangeboten gehören u. a.: Allianz Arena, Bavaria Filmstadt, Olympiapark, Schloss und Park Nymphenburg, Residenz, zahlreiche Stadtführungen sowie gastronomische Betriebe wie die Ratskeller Weinstube, das Weiße Bräuhaus oder das Schlosscafé im Palmenhaus. Infos: www.citytourcard-muenchen.com oder über die eigene App.

prächtigen Boulevards, der Englische Garten, die Isar, die Biergärten? Also lassen Sie zu allererst einmal Ihr Auto stehen und nutzen Sie das hervorragend ausgebaute Netz der öffentlichen Verkehrsmittel. So sparen Sie sich jeglichen Parkstress samt teurer Parkplatzgebühren sowie unnötige Benzinkosten. Das passende Ticket hierfür: die City Tour Card *(S. 10)*. Das Ticket ist eine Art Zwitter aus Fahrschein und Rabattmarke mit Verbilligungen für zahlreiche Attraktionen. So und nun hinein ins München-Abenteuer und **Insider Tipp** aufgesprungen auf die ==Buslinie 100,== ==bekannt auch als *Museumslinie*.== Mit ihr tasten Sie sich an Münchens Hauptschlagader entlang. Sie führt vom Hauptbahnhof über den Königsplatz, vorbei an der Technischen Uni und den Pinakotheken zum Odeonsplatz. Von dort geht es zum Haus der Kunst über die Isar am Friedensengel und am Prinzregententheater vorbei bis zum Ostbahnhof – eine geballte Ladung Sehenswürdigkeiten. Die Unterschiede zur offiziellen Stadtrundfahrt: die Erklärungen des Reiseleiters, die man sich selbst anlesen muss (unser Tipp: Marco Polo Guide München mit Faltkarte), und

der Preis. Selbstverständlich können Sie zwischendurch auch aussteigen, eine Kleinigkeit essen, den Boulespielern im Hofgarten oder den Volleyballern vor der Alten Pinakothek zusehen. Oder einfach nur das Münchner Lebensgefühl im Englischen Garten einfangen – die Tour mit der Linie 100 lässt sich schließlich auch später noch fortsetzen *(s. auch S. 43)*.

ÖFFENTLICHE VERKEHRSMITTEL

Beim europaweiten ADAC-Test der öffentlichen Personennahverkehrssysteme gab's für München überall eine glatte Eins. Aufgeteilt sind die Stadt und ihr Umland in vier Zonen, die in Ringe aufgesplittert sind. So besteht die Innenstadtzone aus vier Ringen, die mit einer Tageskarte Innenraum (6,70 Euro) abgedeckt sind. Die Einzelfahrt, drei Stunden in eine Fahrtrichtung, kostet 2,90 Euro. Ein Schnäppchen: die Partner-Tageskarte (12,80 Euro). Mit ihr können bis zu fünf Erwachsene kreuz und quer durch München düsen. Kinder zwischen 6 und 14 Jahren zählen als eine Person. 🐷 Und wer unter 6 Jahren ist, fährt mit einer älteren Be-

gleitperson ganz umsonst. Noch mehr Sparvarianten: Im Innenraum mit den Ringen 1 und 2 hat man nicht nur die wichtigsten touristischen Sehenswürdigkeiten abgedeckt, sondern spart ordentlich mit einer Wochenkarte für nur 15,40 Euro *(Mo–So)*. Der Hit ist aber die City Tour Card *(S. 10)* mit Zusatzvergünstigungen. Fahrkarten gibt's an den MVV-Automaten, -Schaltern oder in Geschäften mit dem MVV-Logo.

RADELN

Willkommen in der Radlhauptstadt! Über 1200 km bestens ausgebaute Fahrradwege hat das Münchner Radwegenetz zu bieten. Manche fernab vom Verkehr und mit reichlich Biergärten auf der Strecke.

Auf der Website *www.muenchen. de/verkehr/fahrrad/radlplan.html* findet man einen digitalen Radlstadtplan bzw. Adressen, bei denen man die Druckversion kostenlos erhält. Außerdem beinhaltet die Site den MVV-Radtourenplaner, in den eine MVV-Fahrplanauskunft integriert ist. Wer seinen Drahtesel nicht mit auf Reisen genommen hat, der wird erstaunt sein, wie gut München ge-

rüstet ist. Allein über 120 MVG-Radlstationen, zumeist direkt an U- oder S-Bahn-Stationen gelegen, warten mit recht robusten Radln auf Kunden. Vorab die App „MVG more" auf *www.mvg.de/services/mobile-services/mvg-rad.html* herunterladen, denn ohne diese sowie den entsprechenden Radlcode lässt sich der Drahtesel nicht ausleihen. Die Rückgabe erfolgt an einer Station, was einen Extra-Zeitbonus von 10 Freiminuten bringt, oder man lässt das Radl stehen und beendet die Ausleihe online. Kosten: 8 Cent pro Minute, aber nur 12 Euro max. pro Tag. Unschlagbar macht die App zudem, dass auch die CarSharing-Anbieter von BeeZero, DriveNow, car2go und Stattauto zu Sonderkonditionen mit angeboten werden. Selbst die E-Zapfsäulen werden angezeigt.

Bequeme Cruiser-Fahrräder für 20 Euro am Tag gibt es bei Mike's Bike Tours & Rentals *(Tel. 089 25 54 39 87 | www.mikesbiketours.com)*. Mit eigener App am Start: Call a Bike *(www.callabike-interaktiv.de),* der Radlverleih der Deutschen Bahn. Der 24-Stunden-Preis beträgt 15 Euro. Bahn-Card-Besitzer und Studenten sparen 3 Euro.

Bild: Schöner geht's nimmer – kreuz und quer durch die Isarmetropole mit dem Fahrrad

TOP **10**

> **Das sollten Sie nicht verpassen! Auch wenn der eine oder andere Eintritt nicht immer den Geldbeutel schont, diese Sehenswürdigkeiten gehören zu München einfach dazu**

1 BMW WELT [135 F2]

Die architektonische Visitenkarte des Automobilherstellers ist spektakulär und futuristisch. *BMW-Welt kostenlos, BMW Museum 10 Euro | tgl. 9–18 Uhr | Am Olympiapark 1 | www.bmw-welt.com | U 3 Olympiazentrum | Milbertshofen*

2 DEUTSCHES MUSEUM [140 C5]

Das von der Isar umflutete technische Museum ist so riesig, dass man eigentlich drei Tage braucht, um alle Themengebiete von Bergbau bis Kommunikation komplett aufzusaugen *(S. 119)*

3 FRAUENKIRCHE [133 D3]

Die ehemalige Heimat von Papst Benedikt XVI. heißt eigentlich Dom zu Unserer Lieben Frau und wurde 1468 bis 1494 erbaut. Die Münchner verkürzten über die Jahrhunderte hinweg einfach den Namen auf Frauenkirche oder Marienkirche. Heute zählt der spätgotische Backsteinbau mit all seinen Besonderheiten zu einem der Wahrzeichen Münchens. *Tgl. ab 7 Uhr | Frauenplatz 12 | www.muenchner-dom.de | U 3, 6, S 1–4, 6–8 Marienplatz | Zentrum*

4 HOFBRÄUHAUS [133 E3]

Die Mutter aller Wirtshäuser in München bietet tagtäglich eine Art Oktoberfest light und die Möglichkeit zu überprüfen, warum Bier und Schweinsbraten in Bayern zum Inventar gehören. In der Hofbräuhaus-Ausstellung gibt's einiges aus der 400-jährigen Geschichte zu erfahren *(S. 51)*

5 KUNSTAREAL MÜNCHEN [140 B2]

Große Tempel der schönen Künste – alle in Laufweite voneinander entfernt: die drei Pinakotheken *(S. 27)*, Museum Brandhorst, Glyptothek *(S. 27)*, Antikensammlung, Lenbachhaus und weitere sehenswerte kleine Museen und Galerien. *www.pinakothek.de | U 2 Königsplatz | Maxvorstadt*

⭐6 OLYMPIAPARK & FERNSEHTURM [135 E3]

Auf den Trümmern des Zweiten Weltkriegs entstand in den 1960er-Jahren dieses in seiner Bauart einzigartige Gelände, das seit Olympia 1972 Millionen von Sport- und Konzertfans in seinen Bann zieht. *Spiridon-Louis-Ring | www.olympiapark-muenchen.de | U 3, 6 Olympiazentrum | Milbertshofen*

⭐7 RATHAUS & GLOCKENSPIEL [133 D3]

Das Neue Rathaus hat nur 100 Jahre auf dem Buckel und ist eine der meistbesuchten und -fotografierten Sehenswürdigkeiten Münchens. Täglich wiederholt sich mehrmals die Zeremonie, dass Tausende auf dem Platz die Köpfe in die Höhe recken, um das Glockenspiel zu bestaunen. *Glockenspiel März–Okt. 11, 12, 17, Nov.–Feb. 11, 12 Uhr | Marienplatz | U 3, 6, S 1–8 Marienplatz | Zentrum*

⭐8 RESIDENZ MIT HOFGARTEN [133 E1]

Das alte, weitläufige Stadtschloss umfasst insgesamt zehn Höfe. Der angrenzende Hofgarten ist ein beliebter Treff zum Boulespielen und die angenehmste Verbindung zwischen Innenstadt und Englischem Garten *(S. 26)*

⭐9 SCHLOSS NYMPHENBURG [138 A1]

Die 1664 erbaute Sommerresidenz gehört zu den wichtigsten Königsschlössern Europas. *Schloss: April–Mitte Okt. 9-18, Mitte Okt.–März 10–16 Uhr; Park: Jan.–März, Nov./Dez. 6-18, April/Okt. 6–20, Mai–Sept. 6–21.30 Uhr | www.schloss-nymphenburg.de | Tram 17 Schloss Nymphenburg | Nymphenburg-Neuhausen*

⭐10 VIKTUALIENMARKT [133 D4]

Um ein Gespür für München und seine Menschen zu bekommen, sollten Sie unbedingt dem ureigenen Lebensgefühl der Metropole nachspüren. Der perfekte Ort dafür liegt seit 1807 im Herzen der Stadt: der Viktualienmarkt mit dem urigen Biergarten und all seinen bunten Standln, an denen Obst und Gemüse, Brot, Gewürze, Wild, Fisch und viele andere Köstlichkeiten angeboten werden. *Mo-Sa 10–18 Uhr | U 3, 6, S 1–4, 6-8 Marienplatz | Altstadt*

> Nicht nur das größte kostenlose Festival Deutschlands beweist: Kultur in München kostet nicht die Welt

Kultur zum Spartarif – klingt komisch, ist aber so! Kostenloser oder vergünstigter Eintritt bei Festivals und Konzerten, ins Theater und in Lesungen, bei Filmvorführungen, Ausstellungen und vielem mehr ist auch in einer Stadt wie München möglich. Das entzückt nicht nur Kunstfreunde, sondern begeistert vor allem auch Neulinge in der Welt der Klassik, des Theaters und der Ausstellungen. Im Lothringer 13 etwa, der Kunsthalle der Stadt, können Sie völlig gratis zeitgenössische und experimentelle Kunst genießen. Oder das kostenlose Ladenschlusskonzert im Gasteig: Es bietet klassische Musik als Krönung Münchner Shoppingerlebnisse. Am Sonntag dann zahlen Sie für viele der weltberühmten Museen der Isarmetropole gerade mal 1 Euro Eintritt. Und selbst bei einem so wichtigen Event wie dem Filmfest München können Sie Open-Air-Kino zum Nulltarif erleben – in lauen Sommernächten eine tolle Sache. Ob exklusive Generalproben der Philharmoniker oder U2 und AC/DC kostenfrei vom Olympiaberg aus: München bietet jede Menge Kultur zum Schnäppchenpreis. Da ist es nur logisch, dass mit dem Musiksommer des Theatron an der Isar das größte kostenlose Festival Deutschlands stattfindet.

KULTUR & EVENTS

FESTIVALS

FREE & EASY 🐷 [138 C3]

Free & Easy – eine der besten Veranstaltungen in München. Mehr als zwei Wochen lädt das Backstage *(S. 90)*, eine Kombination aus Club, Halle und Biergarten, zu Konzerten, Lesungen, Public Viewing zur Bundesliga und Diskussionen zum Nulltarif – nur die Kinovorstellungen kosten. Dabei lassen sich die Macher beim Programm nicht lumpen. Gut zwei Dutzend Räume und Höfe des neuen Künstlerdorfes an den Bahngleisen im Münchner Westen verwandeln sich zur Bühne. Szenegrößen wie der Ex-„Titanic"-Chef Thomas Gsella lesen da schon mal an einem Abend aus ihren neuesten Werken. 80 Bands, DJs und Künstler finden in dieser kreativen Hinterhof-Idylle ihren Spielraum. Dabei bleibt sich das Backstage treu und spricht sein Stammpublikum abseits des Mainstreams an: Reggae, Ska, Mundart-Rock, Performance und vieles mehr stehen auf dem vielseitigen Programm. *Eintritt frei | Reitknechtstr. 6 | Tel. 089 126 61 00 | www.backstage.eu | S 1, 2, 4–6, 8 Hirschgarten | Neuhausen*

GARNIX & TUNIX 🐷

Klingt fast wie ein neuer Asterix – ist es aber nicht. Ganz im Gegenteil! Beide Namen stehen für zwei tolle studentische Open-Air-Festivals, die selbstverständlich for free sind. Also „Kost nix"! Den Livesound liefern zumeist regionale Bands, die cineastischen Leckerbissen flimmern nur beim Garnix über die Leinwand. Während das Tunix mitten in München, am Königsplatz zwischen Glyptothek und Mensa, seine Zelte aufgebaut hat, bringt einen der MVV zum Garnix am Campus Garching im Münchner Norden. Und wie könnte es anders sein, im Juni ist beiden ein Biergarten zu eigen. *www.tunix.de, www.garnix-festival.de | U 2, 6, 8 Königsplatz | Zentrum* [140 A2]*; Parkring 11–13 | U 6 Garching-Hochbrück* [0]

LANGE NACHT DER MUSIK

Einmal im Jahr stellen rund 100 Bühnen ein riesiges Musikspektakel auf die Beine – zu einem unschlagbaren Preis: In der Münchner Innenstadt werden dann für gerade einmal 15 Euro über 400 Livekonzerte und Tanzdarbietungen, Kabarettprogramme und Führungen rund um das Thema Musik geboten. Mit dem Kombiticket erhalten Besucher Zutritt zu allen Veranstaltungen und können die Shuttlebusse des Münchner Verkehrsverbundes nutzen. Der Clou: Eine vorgegebene Route gibt es nicht – jedem steht es frei, seinen eigenen Konzertplan zusammenzustellen. *Eintritt 15 Euro inkl. MVV | www.muenchner.de/musiknacht*

STADTGEBURTSTAG 🐷 [133 D2–4]

München feiert seinen Geburtstag ausgiebig und fröhlich und lädt deshalb immer Mitte Juni zwei Tage lang zum internationalen Bürgerfest in die Innenstadt ein. Zwischen Sendlinger Tor und Odeonsplatz unterhalten Straßenkünstler, Gaukler und Musiker das Publikum. Neben Performancekunst und Konzerten gibt es auch ein breites Angebot für Kinder und Familien zum Nulltarif. *www.stadtgruendungsfest-muenchen.de | U 3, 6, S 1–4, 6–8 Marienplatz | Zentrum*

ST. PATRICK'S DAY MÜNCHEN 🐷 [140 C1–3]

Über 25 000 Besucher pilgern jährlich zur größten St.-Patrick's-Day-Parade auf dem europäischen Festland. Und das hat seinen Grund: Denn neben dem farbenprächtigen Umzug, der sich über Münchens Jubelmeile hinweg schlängelt, findet zum Abschluss der Feierlichkeiten immer ein großes irisch-bayerisches Fest mit Livebands und tollen Tanzeinlagen statt. Höhepunkt: der abschließende Ceili-Tanz für alle, da mutiert der Odeonsplatz zum bebenden Tanzboden. Auch das Rahmenprogramm kann sich sehen lassen:

eine irische Nacht, ein Gaelic-Football-Turnier und natürlich ein irischer Gottesdienst. *Eintritt frei | Anfang März | zwischen Leopoldstraße und Odeonsplatz | www.stpatricksday.de | U 4, 5 Odeonsplatz*

STREETLIFE FESTIVAL
CORSO LEOPOLD 🐷 [140 C1–2]

„Was kann eine Straße alles sein?", haben sich die Schwabinger gefragt. Die Antwort: ein Platz für eine riesengroße Fete. Zweimal im Jahr (Juni und September) verwandeln sich die Münchner Prachtstraßen Leopold- und Ludwigstraße in eine autofreie Kulturmeile. Geboten werden Straßenkunst, Musik und Tanz von brasilianischen Trommlern und Münchner Bands, Sport und Spiel sowie Infostände von Greenpeace & Co., die die entspannte Atmosphäre während des Festivals nutzen, um für ihre Sache zu werben. Die Lokale bauen Cocktailbars, Kaffeestände und Imbisse auf. Sich ohne Verkehr auf der Straße frei zu bewegen, zu relaxen, zu swingen und zu tanzen, ist nicht nur für Schwabinger ein echtes Highlight! *Eintritt frei | Ludwig-/Leopoldstr. | Tel. 089 890 6 4 68 42 | www.streetlife-festival.de,*

www.corso-leopold.de | U 3–6 Giselastraße, Universität, Odeonsplatz | Schwabing

STUSTACULUM [137 E1]

Münchens „kultureskes" Theater – wie es sich selbst nennt – und das Musikfestival StuStaCulum, kurz für StudentenStadt-SpectaCulum, finden jedes Jahr zwischen Mai und Juni in der Studentenstadt in Freimann statt. Dem Budget der Studiosi entsprechend sind auch die Preise: Unter 10 Euro kostet der Eintritt für rund 100 Auftritte unterschiedlichster Künstler – und das an vier Tagen! Dabei ist Spaß garantiert, denn die StuStaCulum-Philosophie lautet: Musik, Theater, Kleinkunst, Sonne, Bier, Cocktails und fröhlich feiern bis in den Morgen. *Eintritt unter 10 Euro | Studentenstadt Freimann | Tel. 089 32 45 01 27 | www.stustaculum. de | U 6 Studentenstadt | Freimann*

THEATRON MUSIKSOMMER 🐷 [135 E3]

Der Theatron Musiksommer ist aus dem Kulturkalender Münchens nicht mehr wegzudenken. Das Festival bietet fast den ganzen August Events auf der Open-Air-Bühne am Olympiasee – und zwar umsonst! Über 50 Kon-

zerte, ein Dutzend Kurzfilme und die wunderbare Kulisse des Amphitheaters am See ziehen jedes Jahr bis zu 100 000 Zuschauer an. Eingeläutet und abgerundet wird das Ganze mit einem sehenswerten Feuerwerk. Die Newcomer der Musik- und Kurzfilmszene können beim Theatron Open Air ihre Karriere starten. Zu Pfingsten findet zudem ein dreitägiges Festival statt *(S. 32). Eintritt frei | Olympiapark | www.theatron.de | U 3 Olympiapark | Schwabing*

TOLLWOOD

Das alternative Festival ist Treffpunkt für Althippies und Lohas – und der  Großteil der Veranstaltungen ist kostenlos! Ein bisschen Woodstock-Feeling liegt bei der Sommerausgabe in der Luft: Livemusik, Theater und Performancekunst gibt es zu entdecken, hinzu kommt ein breites Angebot an Fair-Trade-Ständen und Biogastronomie. Außerdem bietet das Zeltspektakel im Olympiapark – teilweise zum Nulltarif – eine aufregende Mischung internationaler Musiker, Bands und Theatergruppen.

Wenn die warmen Tage vorbei sind, heißt die Frage: Glühwein oder Feuerzangenbowle. Denn von der letzten Novemberwoche bis Ende Dezember empfängt das Tollwood seine Besucher mit einem Weihnachtsmarkt. Dabei geht es ähnlich alternativ wie im Sommer zu. Neben Plätzchen, Zimtäpfeln und Kartenlesern locken Theaterstücke, Kabarett und Musik in den Zelten – und das überwiegend gratis. *Eintritt frei | Sommer-Tollwood: Olympiapark | U 3 Olympiazentrum | Schwabing* [135 E4]; *Winter-Tollwood: Theresienwiese | Tel. 089 383 85 00 | U 4, 5 Theresienwiese | Ludwigsvorstadt* [139 E/F4–5]; *www.tollwood.de*

FILM

FILMFEST MÜNCHEN   [141 D5]

Während des einwöchigen Filmfests gibt es  eine ganze Reihe kostenloser Veranstaltungen abseits der Kinosäle. Bei schönem Wetter ein absolutes Muss ist das Filmfest Open Air am Gasteig. An lauen Sommernächten quillt der Platz regelrecht vor Besuchern über, die die Filme sehen wollen, die ab 21.45 Uhr über die Leinwand flimmern. Auch einen Besuch wert: die Open Lounge! Hier treffen sich Stars, Kreative, Cineasten und Partygänger zum lockeren kulturellen Austausch samt Partybeats. *Eintritt frei | Gasteig | Rosenheimer*

*Str. 5 | www.filmfest-muenchen.de |
S 1–4, 6–8 Rosenheimer Platz | Haidhausen*

Ebenfalls gratis ist die  Veranstaltung filmtonart in den Funkhausstudios des Bayerischen Rundfunks.

Bekannte Regisseure wie die Oscargewinnerin Caroline Link, Komponisten und Musiker diskutieren dann mit allen Interessierten über Film und Musik. Dort können Sie beispielweise auch live miterleben, wie Filmmusik

Beim Festival Tollwood zieht die originelle Erlebnisgastronomie viele Besucher an

entsteht. *Eintritt frei, Anmeldung erforderlich | Funkhausstudios des Bayerischen Rundfunks | Informationen und Anmeldung unter www.br-online. de/filmtonart*

GASTEIG OPEN VIDEO 🐷 [141 D5]

Fans der digitalen Kunst zieht es im Winter zur offenen Plattform für Videokunst in Gasteig. Open Video heißt das mehrwöchige Angebot, das Münchner Künstlerinnen und Künstlern, nationalen wie internationalen Teilnehmern, Amateuren wie Profis ermöglicht, ihre Arbeiten auf Großleinwand zu präsentieren. Am Digital-Analog-Abend sind mehr als 120 Videos aus 17 Ländern zu sehen. Die Beiträge werden im Celibidache-Forum und im Foyer des Carl-Orff-Saals präsentiert. Termine auf der Homepage. *Eintritt frei | tgl. 18.30– 22.30 Uhr | Celibidache-Forum, Glashalle, 1. OG | Rosenheimer Str. 5 | Tel. 089 48 09 80 | www.gasteig.de, www. digitalanalog.org | S 1–4, 6–8 Rosenheimer Platz | Haidhausen*

Insider Tipp LITERAKINO 🐷 [141 D5]

Cineasten aufgepasst! Echte Literaturklassiker wie „Krabat", „A beautiful mind!" oder „Die Vermessung der Welt", die es sogar auf die Leinwand geschafft haben, flimmern im Filmstudio der Gasteig-Bibliothek for free über die Leinwand. Pro Monat gibt es vier Vorstellungen, immer um 15.30 Uhr, die literarischen Verfilmungen gewidmet sind. *Eintritt frei | Gasteig | Rosenheimer Str. 5 | www.gasteig.de/veranstaltungen | S 1–4, 6–8 Rosenheimer Platz | Haidhausen*

KUNST

ALTE WIEDE FABRIK 🐷 [0]

Kunst meets Industrie – vor Jahrzehnten brodelte es noch gewaltig in den Kesseln der Alten Wiede Fabrik. Heute präsentiert sich das Gelände als Künstlerkolonie. Die rund 25 Künstler öffnen zweimal im Jahr ihre Ateliers und Werkstätten. Dabei zeigen sie nicht nur ihre Arbeiten, sondern laden auch Gastkünstler ein – Eintritt frei! Dies gilt auch für die täglichen Führungen, bei denen ein Professor der Kunstakademie mit Besuchern das Gelände durchstreift. Frau der ersten Stunde war Claudia Grögler. Im Jahr 1992 richtete die Münchner Malerin als Erste ihr Atelier in einem der alten Fabrikgebäude ein. Weitere ihrer Kolleginnen und Kollegen folgten, bis schließlich die ganze Fabrik komplett in Künstlerhand war. *Eintritt frei | Jan. und Juli | Rambaldistr. 27 | Termine unter www.wiede-fabrik.de | S 8 Johanneskirchen | Johanneskirchen*

DOMAGKATELIERS 🐷 [137 D1]

Die Künstlerkolonie im Münchner Norden samt ihrem Städtischen Atelierhaus, dem Haus50, bietet einen guten Querschnitt der Münchner Kunstszene. Zugleich findet hier auch ein Austausch mit internationalen Künstlern statt. Wer gerne einmal einen Blick hinein in die über 100 Ateliers und Studios werfen möchte, hat dazu Gelegenheit an den Künstlersonntagen *(jeden 3. Sonntag, 15–18 Uhr)* und an den Offenen Ateliertagen (Termine über die Homepage). Darüber hinaus werden kostenlose Atelierrundgänge angeboten, bei denen man die Künstler auch persönlich im Gespräch kennenlernen kann. *Eintritt frei | Margarete-Schütte-Lihotzky-Str. 30, Gebäude 50 | Tel. 089 32 18 68 14 | www.domagkateliers.de | U 6 Alte Heide, Bus 50, 123 Alfred-Arndt-Straße | Schwabing-Freimann*

LOTHRINGER 13 🐷 [141 D5]

Die Städtische Kunsthalle München lebt von ihrem ambitionierten Programm und den inspirierenden Räumlichkeiten in einer ehemaligen Fabrikhalle. Die Lothringer Kuratoren haben den Schwerpunkt ihrer Ausstellungen auf experimentelle und zeitgenössische Kunst gelegt: Videoinstallationen, junge Fotografen und Illustratoren. *Eintritt frei | Öffnungszeiten je nach Veranstaltung | Lothringer Str. 13 | Tel. 089 448 69 61 | www.lothringer13.de | Tram 19, S 1–4, 6–8 Ostbahnhof | Haidhausen*

OPEN ART 🐷

Mit dem Kunstwochenende Open Art eröffnen 65 Galerien zeitgenössischer Kunst gemeinsam die neue Saison nach der Sommerpause. Jedes Jahr haben am zweiten Wochenende im September Interessierte die Möglichkeit, Kunst für lau zu sehen, wie etwa in der kleinen Galerie Francoise Heitsch *(Amalienstr. 19 | www.francoiseheitsch.de)* im Univiertel. Außerdem finden gratis Podiumsdiskussionen statt – z. B. im Haus der Kunst mit unterschiedlichen Vertretern der Kulturszene. Spezielle Führungen wie in der Hypokunsthalle kosten um die 5 Euro, was immer noch ein Schnäppchen ist. Top: 🐷 kostenloser Taxi-Shuttle zu den Galerien außer-

Labor für die Kunst: Zeitgenössisches und Experimentelles in der Platform 3

halb des Zentrums. *Zweites Septemberwochenende | www.openart.biz*

PLATFORM 3  [146 A3]

Mit diesem Projekt fördert die Stadt die zeitgenössische Kunst. Das Team der Jungkuratoren, das die Stadt München hier ausbildet, ist am Puls der Zeit: experimentelle Musikperformances, Vorträge, Filmprogramme und Kunstausstellungen zum Nulltarif. Die Platform 3 beherbergt zudem

> www.marcopolo.de/muenchen

MUSEEN

KUNSTHALLE MÜNCHEN [133 D2]

Vor allem montags schauen kulturinteressierte Sparfüchse vorbei, denn da kostet der (je nach Ausstellung variierende) Eintritt nur den halben Preis. Wer in Sachen Kunst nicht so bewandert ist, kann einen Kunsthistoriker (60–90 Minuten ab 105 Euro) buchen, der ihn durch die Ausstellung begleitet. Es sind auch Audioguides (5 Euro) erhältlich. Top: die Familienkarte für 22 Euro, gültig auch für Großeltern und Enkelkinder (6–18 Jahre). *Eintritt variiert, Mo halber Preis | tgl. 10–20 Uhr | Theatinerstr. 8 | Tel. 089 22 44 12 | www.kunsthalle-muc.de | U 3–6 Odeonsplatz | Zentrum*

LANGE NACHT DER MUSEEN

Für schlappe 15 Euro (inkl. Busticket) alle Münchner Museen von 19 bis 2 Uhr morgens besuchen, das ist schon ein besonderes Kulturhappening. Abgerundet wird der Kunstgenuss mit spannenden Führungen und Performances. *Eintritt 15 Euro inkl. MVV | www.muenchner.de/museumsnacht*

MEMORY LOOPS 🐷

Kunstobjekt und riesiges, öffentlich begehbares Museum, das sich gegen

Ateliers, die gelegentlich auch Besuchern zugänglich sind. *Eintritt frei | Mo–Fr 10–18 Uhr | Kistlerhofstr. 70 (Haus 60, 3. Stock) | Tel. 089 32 49 00 90 | www.platform-muenchen.de | U 3 Aidenbachstraße | Sendling*

das Vergessen richtet. Insgesamt 60 markante Münchner Orte wurden mit kleinen Tafeln versehen, über die man Informationen zu den Opfern des NS-Regimes erhält. Die mehr als 300 Tonspuren der Künstlerin Michaela Melián können kostenlos über QR-Codes abgerufen werden, oder man lädt sich die Memory-Loops-App gratis aufs Smartphone. Ausgezeichnet mit dem Grimme Online Award. *www.memoryloops.net*

MÜNCHNER STADTMUSEUM [133 D4]

Seit dem 850. Geburtstag der Stadt hat sich die Schau „Typisch München!" zum absoluten Besucherhit entwickelt. Wer etwas über die Geschichte der 1158 gegründeten Bayerischen Landeshauptstadt erfahren möchte, folgt den spannenden Audiopfaden durchs Museum. Weitere sehenswerte Sammlungen im Haus: Nationalsozialismus in München, Puppentheater und Schaustellerei sowie Musik. Über das Jahr verteilt sind außerdem verschiedene Sonderausstellungen zu sehen. Sparfüchse aufgemerkt! Mit der Städtischen Kombikarte – entspricht der Eintrittskarte – erhält man am gleichen Tag für die Städtischen Museen Villa Stuck, die Galerie im Lenbachhaus sowie für das Jüdische Museum 50 Prozent Rabatt auf den dortigen Eintritt. *Eintritt ab 4 Euro | Di–So 10–18 Uhr | St. Jakobsplatz 1 | Tel. 089 23 32 23 70 | www.muenchner-stadt museum.de | U 3, 6, S 1–4, 6–8 Marienplatz | Zentrum*

MUSEUMSPORTAL MÜNCHEN 🐷

Das ist endlich mal ein Service, der nicht nur jede Menge Zeit, sondern auch Geld spart. Dank der Münchner Museen, verschiedener Ausstellungshäuser und der Schlösser in Bayern entstand dieses Top-Portal. Angefangen bei den Ausstellungen bis zu den Mobilen Angeboten sowie den Preisen – ein kurzer Klick auf „Eintritt frei", und schon freut sich auch die Urlaubskasse. Auch andere Sparangebote werden hier aufgelistet. *www.museen-in-muen chen.de*

RESIDENZ MIT HOFGARTEN [133 E1–2]

Der 🐷 Besuch der Allerheiligen-Hofkirche oder des Hofgartens samt Hofbrunnenwerk schlägt mit erfreulichen 0 Euro zu Buche. Die übrigen Räume des Wohn- und Regierungssitzes der bayerischen Herzöge, Kurfürsten und Könige sind leider nicht ganz umsonst zu besichtigen. Sparfüchse greifen aber auf die Gesamtkarte für 13 Euro zurück. Denn dieses Ticket ermöglicht den Zugang zu Räumen, die sonst alle einzeln Eintritt kosten – wie das Museum, die Schatzkammer oder das Cuvilliés-Theater. So spart man 4,50 Euro und kann die komplette Residenz besichtigen. Einen Tag im Jahr gibt es allerdings, an dem der Eintritt in die Residenz frei ist. 🐷 „Von der Probe bis zum Festkonzert" lautet die Devise für den Tag der offenen Tür des BR. Dann öffnet das Symphonieorchester des Bayeri-

CLEVER!

> Für 1 Euro ins Reich weltbekannter Museen

Hier öffnen sich sonntags für nur 1 Euro die Pforten: In der Neuen Pinakothek *(Barerstr. 29 | Tel. 089 23 80 50 | U 2 Theresienstraße | Tram 27 Pinakotheken | Maxvorstadt)* warten europäische Malerei und Skulptur des 18. und 19. Jhs., in der Pinakothek der Moderne *(Barerstr. 40 | Tel. 089 23 80 53 60 | U 2 Theresienstraße | Tram 27 Pinakotheken | Maxvorstadt)* Kunst des 20. und 21. Jhs. In der Schack-Galerie *(Prinzregentenstr. 9 | Tel. 089 23 80 52 24 | U 4 Prinzregentenplatz | Lehel)* finden sich Gemälde aus dem 19. Jh. Im Geologischen Museum *(Luisenstr. 37 | Tel. 089 21 80 65 13 | U 2 Theresienstraße | Tram 27 Pinakotheken | Maxvorstadt)* geht's ins Reich der Kristalle, das Bayerische Nationalmuseum *(Prinzregentenstr. 3 |* *Tel. 089 211 24 01 | www.bayerisches-nationalmuseum.de | U 4 Prinzregentenplatz | Lehel)* bietet Kunst- und Kulturgeschichte. Das Ägyptische Museum *(Gabelsbergerstr. 35 | Tel. 089 28 92 76 30 | www.smaek.de | U 2, 8 Königsplatz | Maxvorstadt)* bietet über 5000 Jahre Kunst und Kultur des alten Ägypten. Die Glyptothek *(Königsplatz 3 | Tel. 089 28 61 00 | www.antike-am-koenigsplatz.mwn.de | U 2 Königsplatz | Maxvorstadt)* begeistert mit Antikensammlungen. Im Museum Mensch und Natur *(Schloss Nymphenburg Nordflügel | Tel. 089 179 58 90 | www.musmn.de | Tram 17, Bus 51 Schloss Nymphenburg | Nymphenburg)* sollten Sie die Erklärungen des Komikers Otto Waalkes nicht verpassen (1. Stock, Abt. „Mensch").

schen Rundfunks die Pforten zu den Sälen der Münchner Residenz: Proben, Konzerte, Workshops und Schnupperunterricht. Auch der Chefdirigent Mariss Jansons lässt sich über die Schulter schauen. Interaktive Workshops mit Musikern des Orchesters und Schnupperunterricht mit Tipps von erfahrenen Orchestermusikern stehen auf dem Programm. Für einige Kurse muss man sich anmelden. Eltern aufgepasst! Der eigene Kinderwagen muss geparkt werden, dafür stehen aber kostenlose Museums-Buggys zur Verfügung. *Eintritt ab 7 Euro | tgl. April–Mitte Okt. 9–18, Mitte Okt.–März 10–17 Uhr | Residenzstr. 1 | www.residenz-muenchen.de, www.br-online.de | U 3–6 Odeonsplatz | Zentrum*

ROCKMUSEUM [135 E3]

Das höchste Museum der Welt: Das Rockmuseum befindet sich auf der Aussichtsplattform des Olympiaturms! Die schwindelerregende Idee hatten Arno Eser und Herbert Hauke, die inzwischen mehr als 3000 Fanartikel und Kuriositäten aus Münchens Rockhistorie gesammelt haben. So ist etwa die Anmeldung von Jimi Hendrix für ein Zimmer im Hotel Dachs ausgestellt. Auch beinharte Musikfans, denen Namen wie Pete York und Klaus Voormann etwas sagen, kommen auf ihre Kosten. Auch beeindruckt natürlich das Gebäude selbst – der stolze 290 m hohe Olympiaturm. Um zum Museum zu gelangen, müssen Gipfelstürmer ein Ticket für den Aufzug zu 7 Euro lösen. Der fantastische Ausblick über die Stadt lohnt die Investition – das Rockmuseum sowieso. *Eintritt frei, Olympiaturmauffahrt 7 Euro | tgl. 9–24 Uhr | Spiridon-Louis-Ring 7 | www.rockmuseum.de | U 3, 6 Olympiapark | Schwabing*

VALENTIN-MUSÄUM [133 F4] Inside Tipp

Mit viel Mühe und Sorgfalt wurde ein Teil des Karl-Valentin-Nachlasses zu einer höchst amüsanten Ausstellung zusammengestellt. Überhaupt ist hier alles sehr skurril – die Öffnungszeiten etwa. Jeden ersten Freitag im Monat gibt es ein Programm bei der Abendöffnung bis 21.59 Uhr. Den Eintritt gibt's zum Schnäppchenpreis für Erwachsene für 2,99 Euro. Kinder, Schüler, Studenten zahlen 1,99 Euro. Wer in die seltene Kategorie der 99-Jährigen in Begleitung der Eltern fällt, hat freien Eintritt. Ach ja, Führungen finden an jedem zweiten geraden Samstag im Monat jeweils um 15.01 Uhr statt. Tipp: Auf jeden Fall im Turmstüberl auf eine Tasse Tante Paula einkehren. *Eintritt 2,99 Euro | Mo, Di, Do 11.01–17.29, Fr/Sa 11.01–17.59, So 10.01–17.59 Uhr | Volkssängerlokal im Isartor | Tel. 089 22 32 66 | www.valentin-musaeum.de | S 1–4, 6–8 Isartor | Zentrum*

VILLA STUCK   [141 D3]

Der Münchner Malerfürst Franz von Stuck (geb. 1863) schuf sich unweit des Friedensengels sein eigenes Künstlerreich, das selbst Jahrzehnte nach seinem Tod (1928) nichts von der mondänen Faszination eingebüßt hat. In den 1960ern wurden letzte Kriegsschäden beseitigt, und aus der einstigen Künstlervilla wurde das Museum Villa Stuck. 1992 ging das Haus dann in städtischen Besitz über. **Tipp: 50 Prozent Ermäßigung mit der Städtischen Kombikarte** (s. Stadtmuseum). *Eintritt ab 4 Euro, 🐷 Eintritt frei: Friday late, jeden 1. Freitag im Monat 18–22 Uhr | Di–So 11–18 Uhr | Prinzregentenstr. 60 | Tel. 089 455 55 10 | www.villastuck.de | U 4 Prinzregentenplatz | Bogenhausen*

Insider Tipp

MUSIK & TANZ

GLOCKENBACHWERKSTATT   [133 D5]

Das Bürgerhaus im Herzen Münchens bietet ein wahres Feuerwerk an kostenlosen Veranstaltungen. Zu Buche schlägt dann höchstens das eine oder andere Bier. Das Programm kann sich sehen lassen: jeden Mittwoch Fish'n Blues – 🐷 Konzert for free, leckere Fischgerichte für kleines Geld. Oder die Downtown Blues Night, jeden ersten Freitag ab 21.30 Uhr. Wer noch etwas Budget hat, der kann jeden letzten Freitag im Monat beim Peacecamp Jam (Eintritt 5 Euro) lauschen. *Mo–Do 17–23 Uhr | Blumenstr. 7 | Tel. 089 26 88 38 | www.glockenbachwerkstatt.de | Bus 52, 62 Blumenstraße | Zentrum*

HOCHSCHULE FÜR MUSIK UND THEATER 🐷   [140 B2]

Dem Nachwuchs auf der Spur sind Klassikfans bei den kostenlosen Konzerten der Hochschule für Musik und Theater München. An unterschiedlichen Aufführungsorten demonstrieren talentierte junge Künstlerinnen und Künstler ihr Können. Die Meisterklassen der einzelnen Fachrichtungen wie etwa Saxofon und Klavier bestreiten den Abend. Ganz besonders span-